Impressum
Verlag: BABADADA GmbH, Nedderfeld 112 , 22529 Hamburg
Geschäftsführer / Verlagsleitung: Harald Hof
Druck: Books on Demand GmbH, In de Tarpen 42, 22848 Norderstedt

Imprint
Publisher: BABADADA GmbH, Nedderfeld 112 , 22529 Hamburg, Germany
Managing Director / Publishing direction: Harald Hof
Print: Books on Demand GmbH, In de Tarpen 42, 22848 Norderstedt, Germany

Szkoła
学校

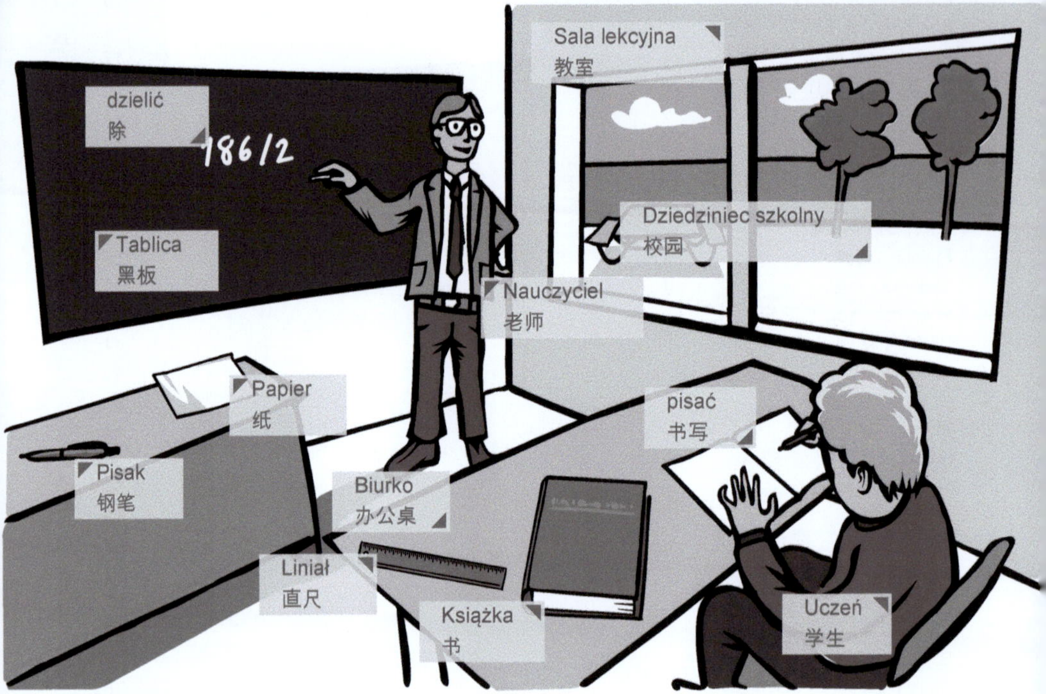

Sala lekcyjna
教室
dzielić
除
186/2
Tablica
黑板
Dziedziniec szkolny
校园
Nauczyciel
老师
Papier
纸
pisać
书写
Pisak
钢笔
Biurko
办公桌
Linijał
直尺
Książka
书
Uczeń
学生

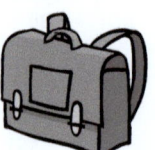

Plecak szkolny
书包

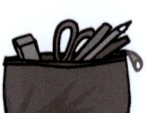

Piórnik
铅笔盒

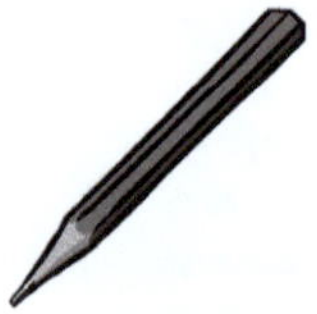

Ołówek
铅笔

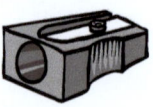

Temperówka
卷笔刀

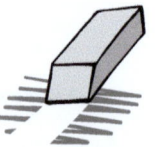

Gumka do mazania
橡皮擦

Blok rysunkowy
画板

Rysunek

图画

Pędzel

画笔

Pudełko z akwarelami

颜料盒

Nożyce

剪刀

Klej

胶水

Książka do ćwiczenia

练习册

Zadanie domowe

家庭作业

12

Liczba

数字

2+2

dodawać

加

5-2

odejmować

减

2×2

mnożyć

乘

liczyć

计算

A

Litera

字母

ABCDEFG HIJKLMN OPQRSTU VWXYZ

Alfabet

字母表

Słowo

字

Tekst

课文

czytać

读

Kreda

粉笔

Godzina

上课

Dziennik lekcyjny

登记

Egzamin

考试

Świadectwo

证书

Mundurek szkolny

校服

Wykształcenie

教育

Leksykon

百科全书

Uniwersytet

大学

Mikroskop

显微镜

Mapa

地图

Kosz na odpadki

废纸篓

Podróż
旅行

Hotel
酒店
Grand
Schronisko
青年旅社
ROOMS
Kantor wymiany walut
外币兑换处
EXCHANGE
Walizka
手提箱
Auto
汽车

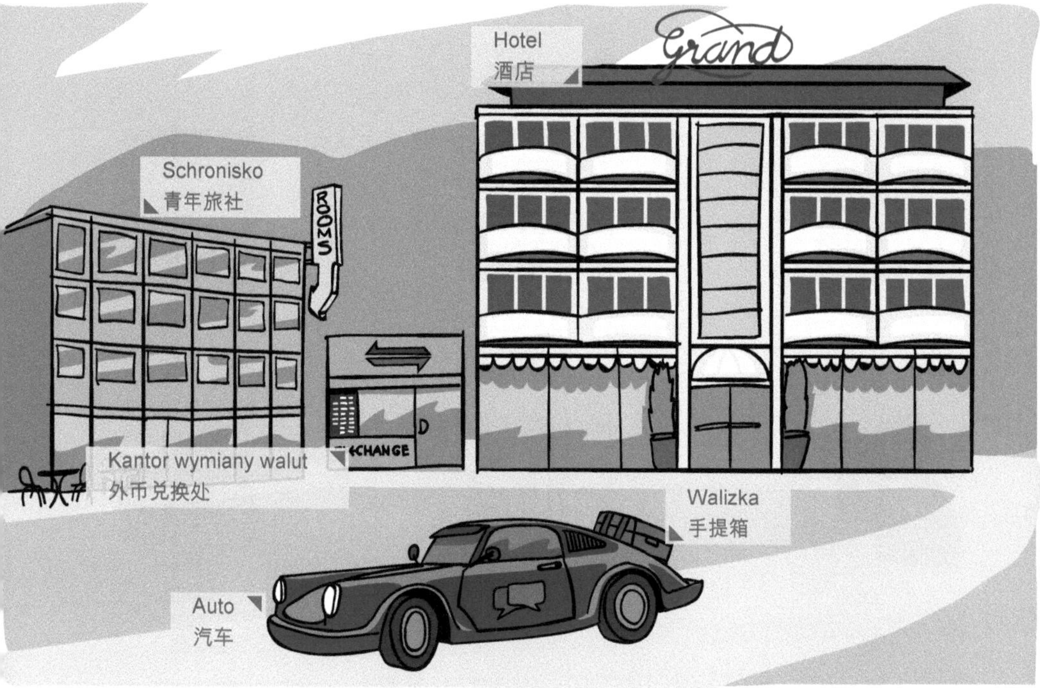

Język
语言

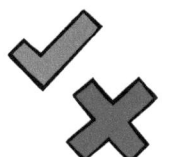

tak / nie
是/否

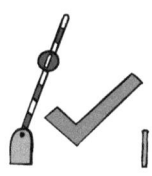

OK
好的

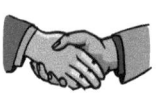

Halo
您好

Tłumacz
翻译员

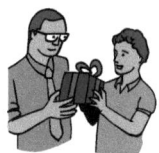

Dziękuję
谢谢

Ile kosztuje ...?

......多少钱？

Nie rozumiem

我不明白

Problem

问题

Dobry wieczór!

晚上好！

Dzień dobry!

早上好！

Dobranoc!

晚安！

Do widzenia

再见

Kierunek

方向

Bagaż

行李

Torba

包

Plecak

双肩包

Gość

客人

Pokój

房间

Śpiwór

睡袋

Namiot

帐篷

Informacja turystyczna

旅游信息

Plaża

海滩

Karta kredytowa

信用卡

Śniadanie

早餐

Obiad

午餐

Kolacja

晚餐

Bilet

票

Winda

电梯

Znaczek na list

邮票

Granica

边界

Cło

海关

Ambasada

大使馆

Wiza

签证

Paszport

护照

Transport
交通运输

Samolot
飞机

Statek
船

Pojazd straży pożarnej
消防车

Autobus
公交车

Samochód ciężarowy
卡车

Łódź motorowa
汽艇

Rower
自行车

Auto
汽车

Prom
摆渡船

Łódź
小船

Motocykl
摩托车

Radiowóz policyjny
警车

Samochód wyścigowy
赛车

Samochód wypożyczony
租车

Wspólne przejazdy
samochodem
拼车

Samochód pomocy
drogowej
拖车

Śmieciarka
垃圾车

Silnik
发动机

Benzyna
汽油

Stacja benzynowa
加油站

Znak drogowy
交通标志

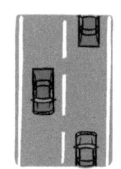

Ruch
交通

Korek
交通堵塞

Parking
停车场

Dworzec
火车站

Szyny
轨道

Pociąg
火车

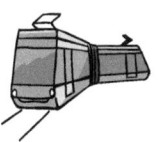

Tramwaj
电车

Wagon
货车

Helikopter

直升机

Lotnisko

机场

Wieża

塔

Pasażer

乘客

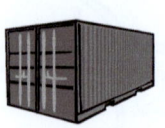

Kontener

集装箱

Karton

纸板箱

Taczka

手推车

Kosz

篮子

startować / lądować

起飞/降落

Miasto

城市

Wieś

村庄

Centrum miasta

市中心

Dom

房子

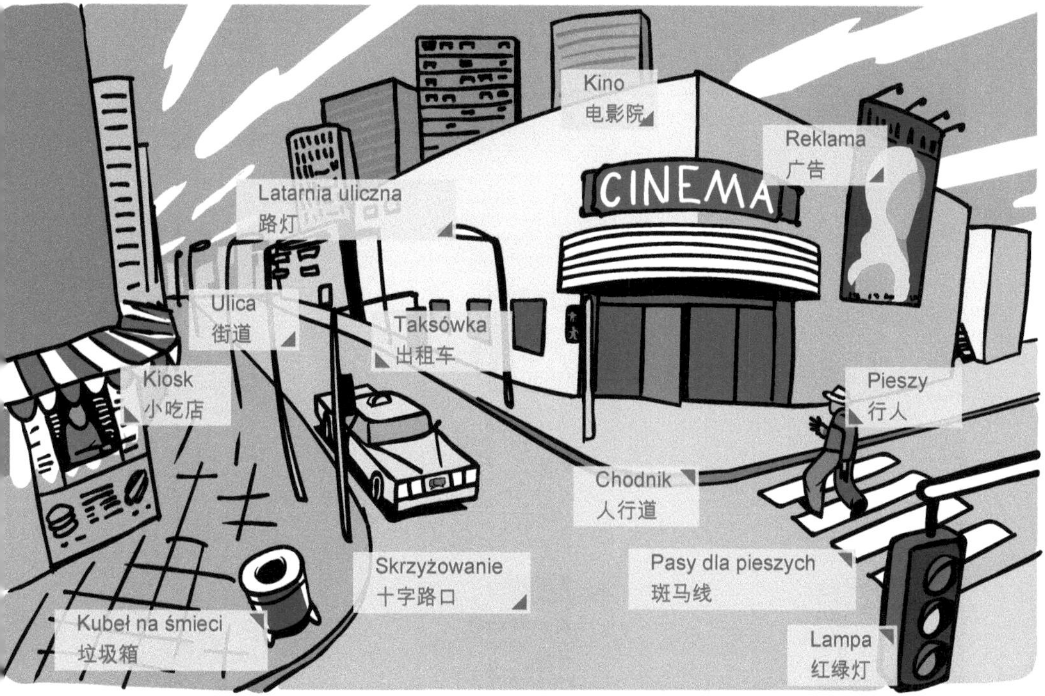
Kino
电影院
Reklama
广告
CINEMA
Latarnia uliczna
路灯
Ulica
街道
Taksówka
出租车
Kiosk
小吃店
Pieszy
行人
Chodnik
人行道
Skrzyżowanie
十字路口
Pasy dla pieszych
斑马线
Kubeł na śmieci
垃圾箱
Lampa
红绿灯

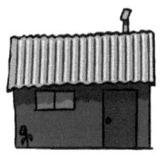

Chata

小屋

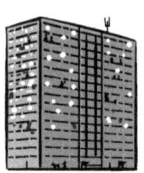

Mieszkanie

公寓

Dworzec

火车站

Ratusz

市政厅

MUSEUM

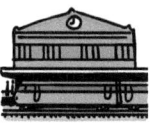

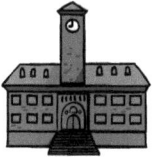

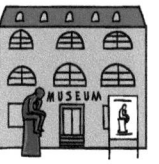

Muzeum

博物馆

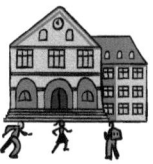

Szkoła

学校

Uniwersytet

大学

Bank

银行

Szpital

医院

Hotel

酒店

Apteka

药房

Biuro

办公室

Księgarnia

书店

Sklep

商店

Kwiaciarnia

花店

Supermarket

超市

Rynek

市场

Dom towarowy

百货商店

Sklep z rybami

鱼店

Centrum handlowe

购物中心

Port

海港

Park

公园

Ławka

长凳

Most

桥

Schody

楼梯

Metro

地铁

Tunel

隧道

Przystanek autobusowy

公交车站

Bar

酒吧

Restauracja

餐馆

Skrzynka na listy

邮筒

Tabliczka z nazwą ulicy

路标

Parkometr

停车计时器

Zoo

动物园

Łaźnia

游泳馆

Meczet

清真寺

Miasto - 城市

Gospodarstwo chłopskie

农场

Zanieczyszczenie środowiska

污染

Cmentarz

墓地

Kościół

教堂

Plac zabaw

操场

Świątynia

寺庙

Krajobraz

地形

Liść
树叶

Drogowskaz
指示牌

Droga
路

Łąka
草地

Kamień
石头

Drzewo
树

Wędrowiec
徒步旅行者

Rzeka
河

Trawa
草

Kwiat
花

Dolina

峡谷

Góra

山

Jezioro

湖

Las

森林

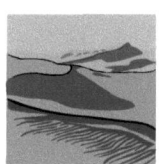

Pustynia

沙漠

Wulkan

火山

Zamek

城堡

Tęcza

彩虹

Grzyb

蘑菇

Palma

棕榈树

Komar

蚊子

Mucha

苍蝇

Mrówka

蚂蚁

Pszczoła

蜜蜂

Pająk

蜘蛛

Chrząszcz

甲虫

Żaba

青蛙

Wiewiórka

松鼠

Jeż

刺猬

Zając

野兔

Sowa

猫头鹰

Ptak

鸟

Łabędź

天鹅

Dzik

野猪

Jeleń

鹿

Łoś

麋鹿

Tama

水坝

Wiatrak

风力发电机

Moduł solarny

太阳能电池板

Klimat

气候

Restauracja

餐馆

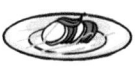

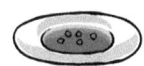

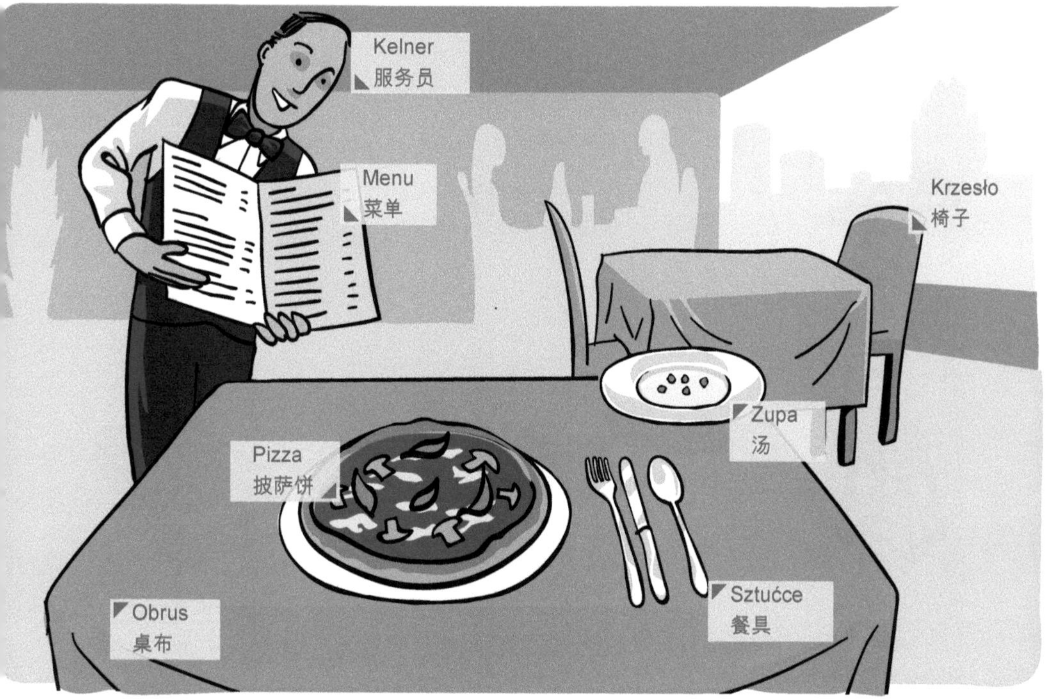

Kelner
服务员
Menu
菜单
Krzesło
椅子
Zupa
汤
Pizza
披萨饼
Obrus
桌布
Sztućce
餐具

Przystawka

前菜

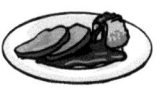

Danie główne

主菜

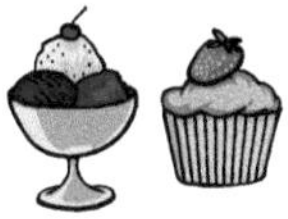

Deser

甜点

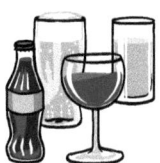

Napoje

饮料

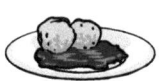

Jedzenie

食物

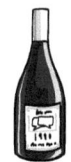

Butelka

瓶子

Fastfood

快餐

Streetfood

街边小吃

Dzbanek na herbatę

茶壶

Cukierniczka

糖盒

Porcja

一份饭菜

Zaparzarka do espresso

意式咖啡机

Krzesło dla dziecka

高脚椅

Rachunek

账单

Taca

托盘

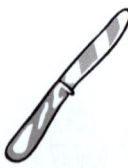

Noż

刀

Widelec

餐叉

Łyżka

勺子

Łyżeczka

茶匙

Serwetka

餐巾

Szklanka

玻璃杯

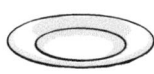

Talerz

碟子

Talerz do zupy

汤盘

Podstawek pod filiżankę

碟子

Sos

酱

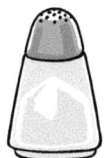

Solniczka

盐瓶

Młynek do pieprzu

胡椒磨

Ocet

醋

Olej

食用油

Przyprawy

调味料

Keczup

番茄酱

Musztarda

芥末

Majonez

蛋黄酱

Supermarket
超市

Oferta
特价
FOR
Klient
顾客
Produkty mleczne
乳制品
Owoce
水果
Wózek sklepowy
购物车

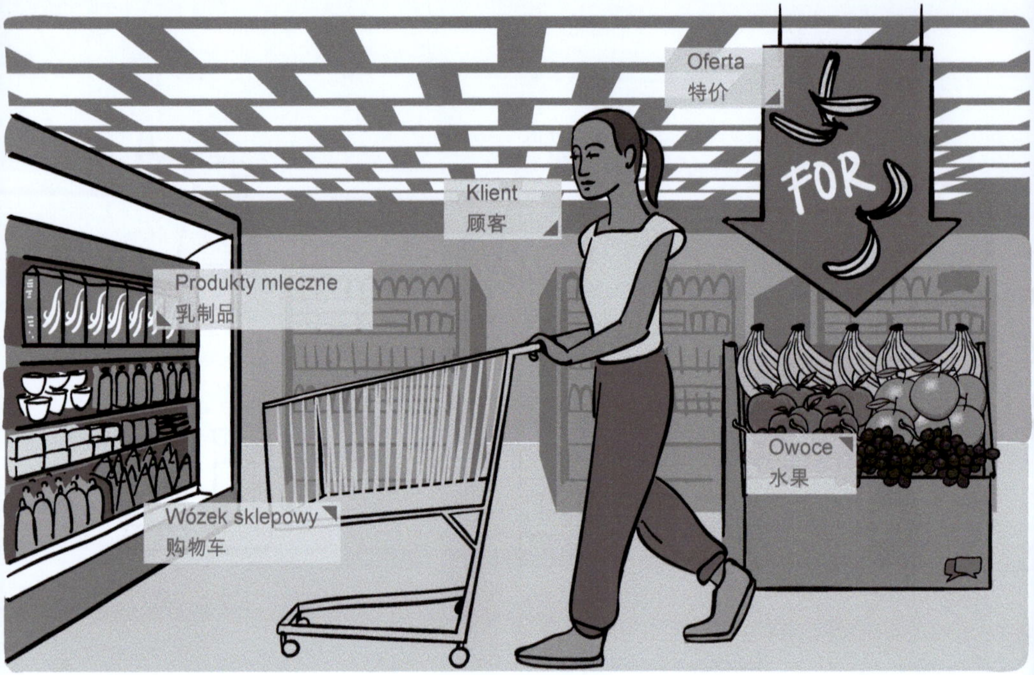

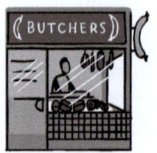

BUTCHERS

Rzeźnia

肉铺

BAKERY

Piekarnia

面包房

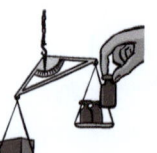

ważyć

称重

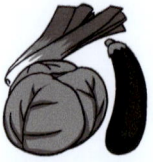

Warzywa

蔬菜

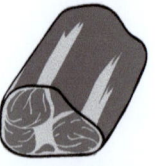

Mięso

肉

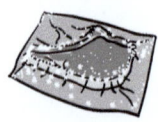

Mrożonki

冷冻食品

Wędliny

冷盘

Konserwy

罐头食品

Proszek m do prania

洗衣粉

Słodycze

甜食

Artykuły użytku domowego

日用品

Środek czyszczący

清洁用品

Sprzedawczyni

销售员

Kasa

收银机

Kasjer

收银员

Lista zakupów

购物清单

Godziny otwarcia

开放时间

Portfel

钱包

Karta kredytowa

信用卡

Torba

袋子

Torebka plastikowa

塑料袋

Woda

水

Sok

果汁

Mleko

牛奶

Cola

可乐

Wino

红酒

Piwo

啤酒

Alkohol

酒

Kakao

可可

Herbata

茶

Kawa

咖啡

Espresso

意式浓缩咖啡

Cappuccino

卡布奇诺

Banan

香蕉

Jabłko

苹果

Pomarańcza

橙子

Arbuz

西瓜

Cytryna

柠檬

Marchew

胡萝卜

Czosnek

大蒜

Bambus

竹子

Cebula

洋葱

Grzyb

蘑菇

Orzechy

坚果

Makaron

面条

Spaghetti

意大利面条

Ryż

米饭

Sałatka

沙拉

Frytki

薯条

Ziemniaki pieczone

炸土豆

Pizza

披萨饼

Hamburger

汉堡包

Kanapka

三明治

Sznycel

炸猪排

Szynka

火腿

Salami

萨拉米

Kiełbasa

香肠

Kura

鸡肉

Pieczeń

烤肉

Ryba

鱼

Płatki owsiane

燕麦片

Musli

穆兹利

Płatki kukurydziane

玉米片

Mąka

面粉

Croissant

羊角面包

Bułka

面包卷

Chleb

面包

Toast

烤面包

Ciastka

饼干

Masło

黄油

Twarożek

凝乳

Ciasto

蛋糕

Jajko

蛋

Jajko sadzone

煎蛋

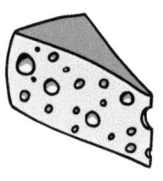

Ser

奶酪

Lody

冰激凌

Cukier

糖

Miód

蜂蜜

Marmolada

果酱

Krem nugatowy

巧克力酱

Curry

咖喱饭

Gospodarstwo chłopskie

农场

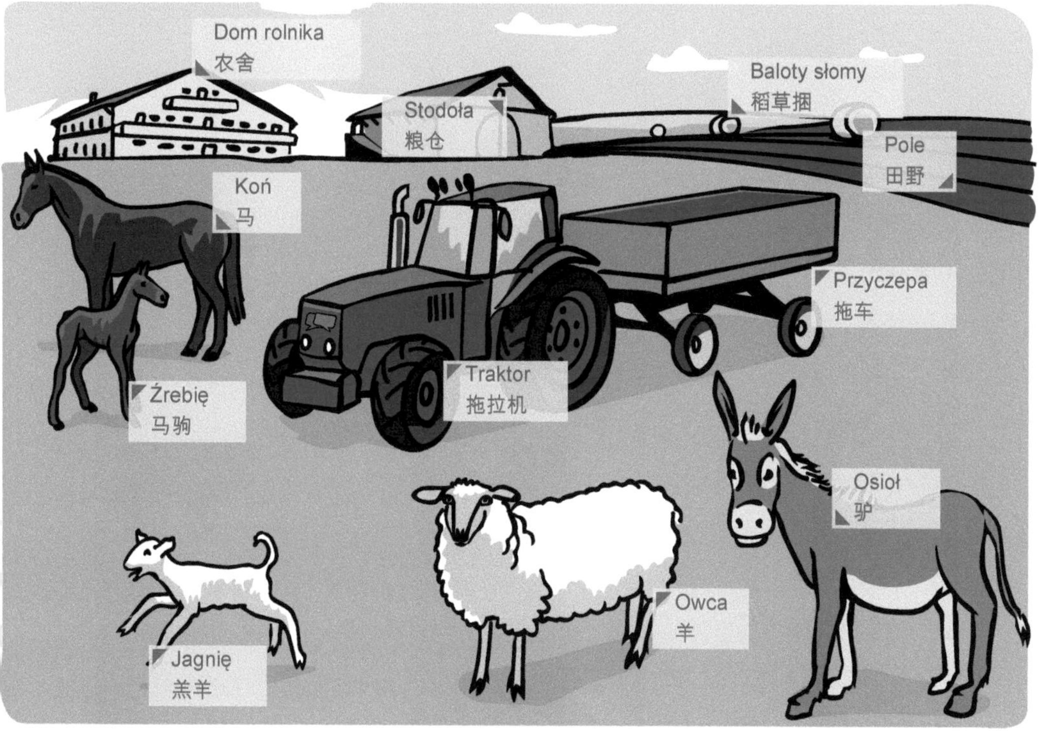
Dom rolnika
农舍
Baloty słomy
稻草捆
Stodoła
粮仓
Pole
田野
Koń
马
Przyczepa
拖车
Traktor
拖拉机
Źrebię
马驹
Osioł
驴
Owca
羊
Jagnię
羔羊

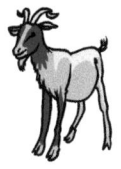

Koza

山羊

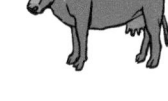

Krowa

奶牛

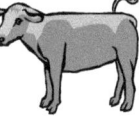

Cielę

牛犊

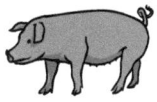

Świnia

猪

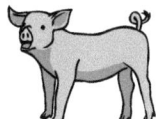

Prosię

小猪

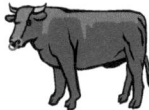

Byk

公牛

Gęś

鹅

Kaczka

鸭

Kurczątko

小鸡

Kura

母鸡

Kogut

公鸡

Szczur

鼠

Kot

猫

Mysz

老鼠

Osioł

牛

Pies

狗

Buda dla psa

狗屋

Wąż ogrodowy

花园浇水软管

Konewka

洒水壶

Kosa

长柄大镰刀

Pług

犁

Sierp
镰刀

Graca
锄头

Widły
长柄草耙

Siekiera
斧头

Taczka
独轮手推车

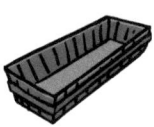

Koryto
饲料槽

Kanka na mleko
牛奶罐

Worek
麻布袋

Płot
栅栏

Stajnia
马厩

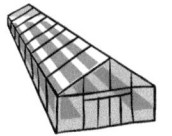

Szklarnia
温室

Ziemia
土壤

Nasiona
种子

Nawóz
肥料

Kombajn zbożowy
联合收割机

zbierać

收割

Żniwa

收割

Podchrzyn

山药

Pszenica

小麦

Soja

大豆

Ziemniak

土豆

Kukurydza

玉米

Rzepak

油菜籽

Drzewo owocowe

果树

Maniok

树薯

Zboże

谷物

Dom
房子

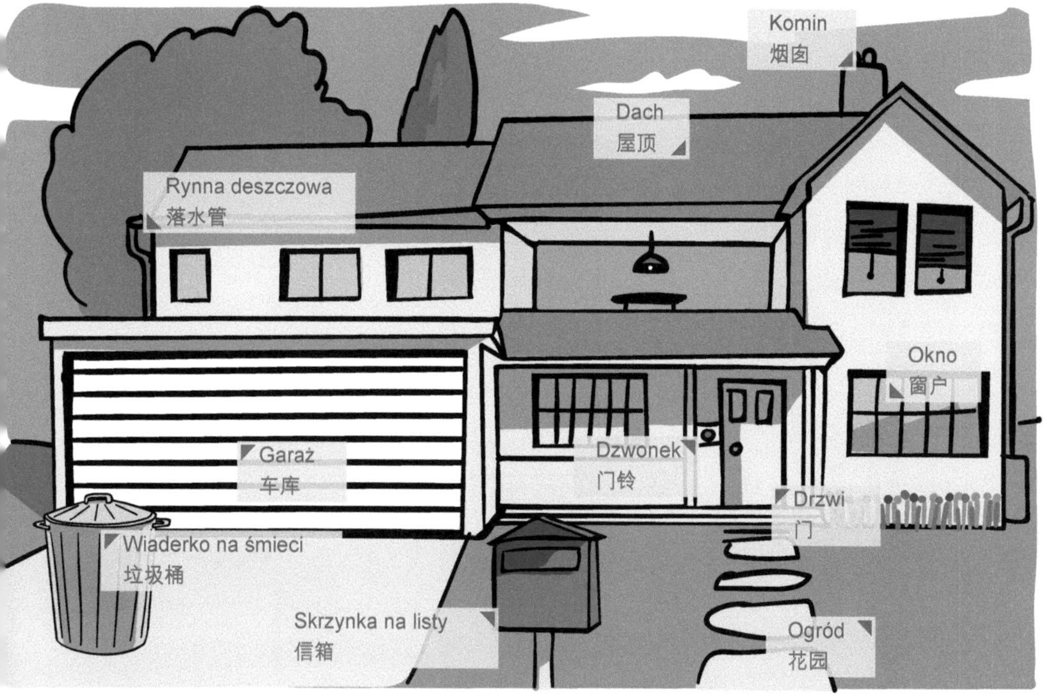

Komin
烟囱
Dach
屋顶
Rynna deszczowa
落水管
Okno
窗户
Garaż
车库
Dzwonek
门铃
Drzwi
门
Wiaderko na śmieci
垃圾桶
Skrzynka na listy
信箱
Ogród
花园

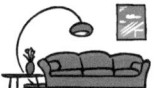

Pokój dzienny

客厅

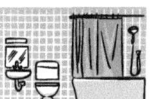

Łazienka

浴室

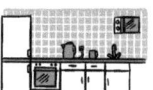

Kuchnia

厨房

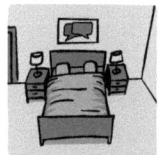

Sypialnia

卧室

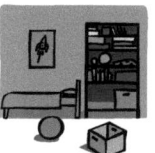

Pokój dziecięcy

儿童房

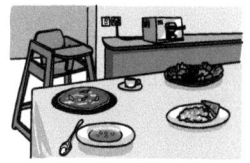

Jadalnia

餐厅

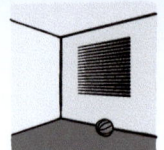

Ziemia

地板

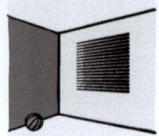

Ściana

墙壁

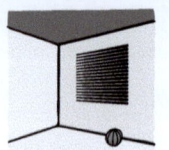

Koc

吊顶

Piwnica

地窖

Sauna

桑拿

Balkon

阳台

Taras

露台

Basen

游泳池

Kosiarka do trawy

割草机

Poszwa

被单

Kołdra

床罩

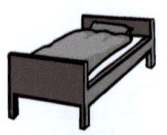

Łóżko

床

Miotła

扫帚

Wiadro

水桶

Włącznik

开关

Pokój dzienny

客厅

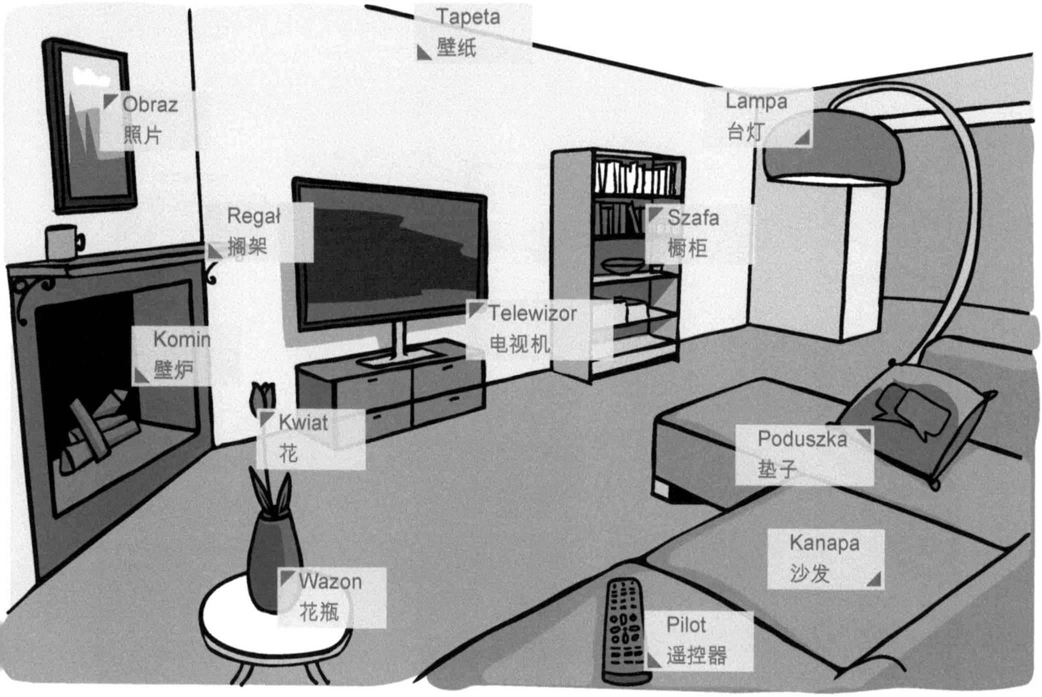
Tapeta
壁纸
Obraz
照片
Lampa
台灯
Regał
搁架
Szafa
橱柜
Telewizor
电视机
Komin
壁炉
Kwiat
花
Poduszka
垫子
Kanapa
沙发
Wazon
花瓶
Pilot
遥控器

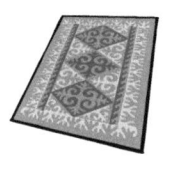

Dywan

地毯

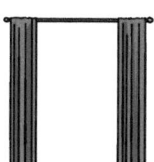

Zasłona

窗帘

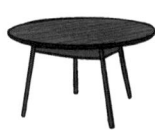

Stół

餐桌

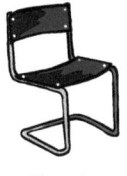

Krzesło

椅子

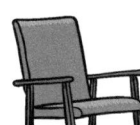

Bujak

摇椅

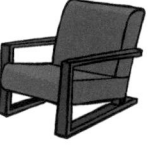

Fotel

扶手椅

Książka

书

Sufit

毯子

Dekoracja

装饰品

Drewno kominkowe

木柴

Film

电影

Instalacja stereo

高保真音响

Klucz

钥匙

Gazeta

报纸

Malunek

油画

Plakat

海报

Radio

收音机

Notatnik

笔记本

Odkurzacz

吸尘器

Kaktus

仙人掌

Świeczka

蜡烛

Kuchnia
厨房

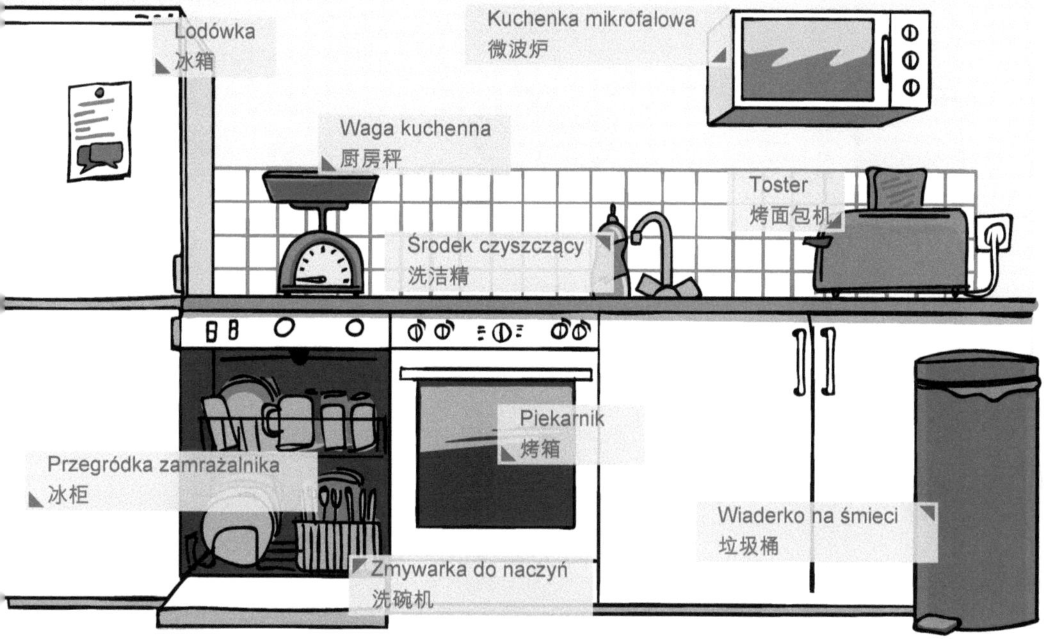
Lodówka
冰箱
Kuchenka mikrofalowa
微波炉
Waga kuchenna
厨房秤
Toster
烤面包机
Środek czyszczący
洗洁精
Piekarnik
烤箱
Przegródka zamrażalnika
冰柜
Wiaderko na śmieci
垃圾桶
Zmywarka do naczyń
洗碗机

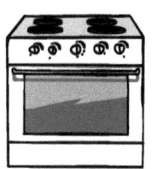

Kuchenka

炊具

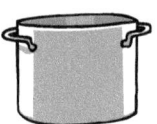

Garnek

锅

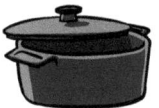

Kocioł żeliwny

铸铁锅

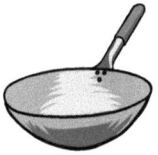

Wok / Kadai

炒锅

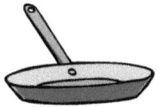

Patelnia

平底锅

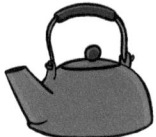

Czajnik

水壶

Parowar

蒸锅

Blacha do pieczenia

烤盘

Naczynia kuchenne

陶瓷锅

Kubek

马克杯

Miska

碗

Pałeczki

筷子

Nabierka

长柄勺

Łopatka do smażenia

铲子

Trzepaczka do śmietany

搅拌器

Cedzak

滤网

Sitko

筛子

Tarka

磨碎机

Moździerz

研钵

Grillowanie

烧烤

Palenisko

明火

Deska

菜板

Wałek do ciasta

擀面杖

Korkociąg

开瓶器

Puszka

罐子

Otwieracz do puszek

开罐器

Ściereczka do trzymania garnka

隔热手套

Umywalka

水槽

Szczotka

刷子

Gąbka

海绵

Mikser

搅拌机

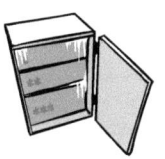

Zamrażarka

冷藏箱

Butelka dla niemowlęcia

奶瓶

Kran

水龙头

Łazienka
浴室

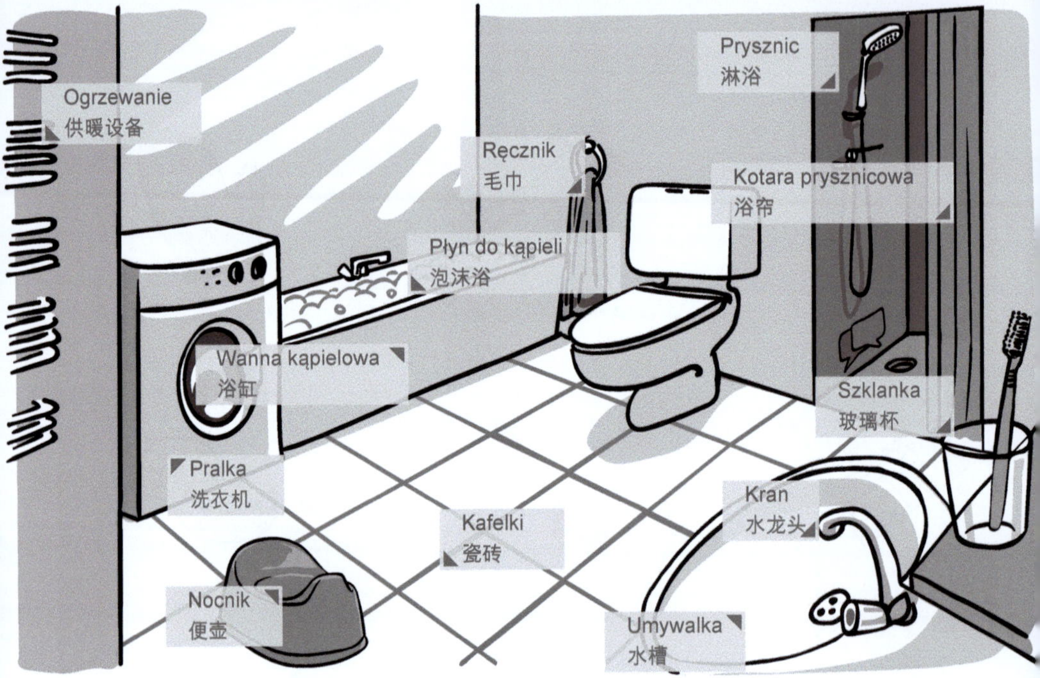

Ogrzewanie
供暖设备
Ręcznik
毛巾
Prysznic
淋浴
Kotara prysznicowa
浴帘
Płyn do kąpieli
泡沫浴
Wanna kąpielowa
浴缸
Szklanka
玻璃杯
Pralka
洗衣机
Kran
水龙头
Kafelki
瓷砖
Nocnik
便壶
Umywalka
水槽

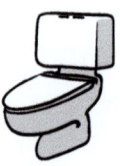

Toaleta
厕所

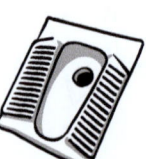

Toaleta kuczna
蹲便器

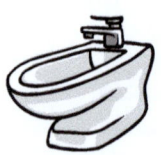

Bidet
坐浴器

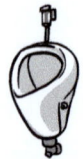

Pisuar
小便池

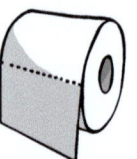

Papier toaletowy
厕纸

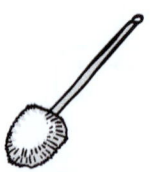

Szczotka toaletowa
马桶刷

Szczoteczka do zębów

牙刷

Pasta do zębów

牙膏

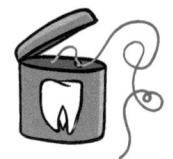

Nitki do czyszczenia zębów

牙线

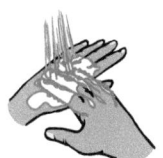

myć

洗

Głowica prysznicowa

手持式喷淋头

Płyn kąpielowy do higieny intymnej

冲洗器

Miska do mycia

洗脸盆

Szczotka kąpielowa

擦背刷

Mydło

肥皂

Żel prysznicowy

沐浴露

Szampon

洗发水

Rękawica kąpielowa

法兰绒

Odpływ

排水

Krem

乳霜

Dezodorant

除臭剂

Lustro

镜子

Lustro kosmetyczne

手镜

Golarka

剃须刀

Pianka do golenia

剃须泡沫

Woda po goleniu

须后水

Grzebień

梳子

Szczotka

刷子

Suszarka do włosów

吹风机

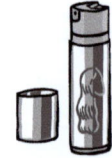

Spray do włosów

喷发定型剂

Makijaż

化妆品

Pomadka

唇膏

Lakier do paznokci

指甲油

Wata

化妆棉

Nożyczki do paznokci

指甲剪

Perfum

香水

Kosmetyczka

洗漱包

Taboret

凳子

Waga

计重秤

Szlafrok kąpielowy

浴袍

Rękawice gumowe

橡胶手套

Tampon

卫生棉条

Podpaska damska

卫生巾

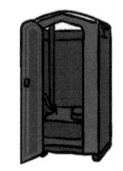

Toaleta chemiczna

化学厕所

Pokój dziecięcy

儿童房

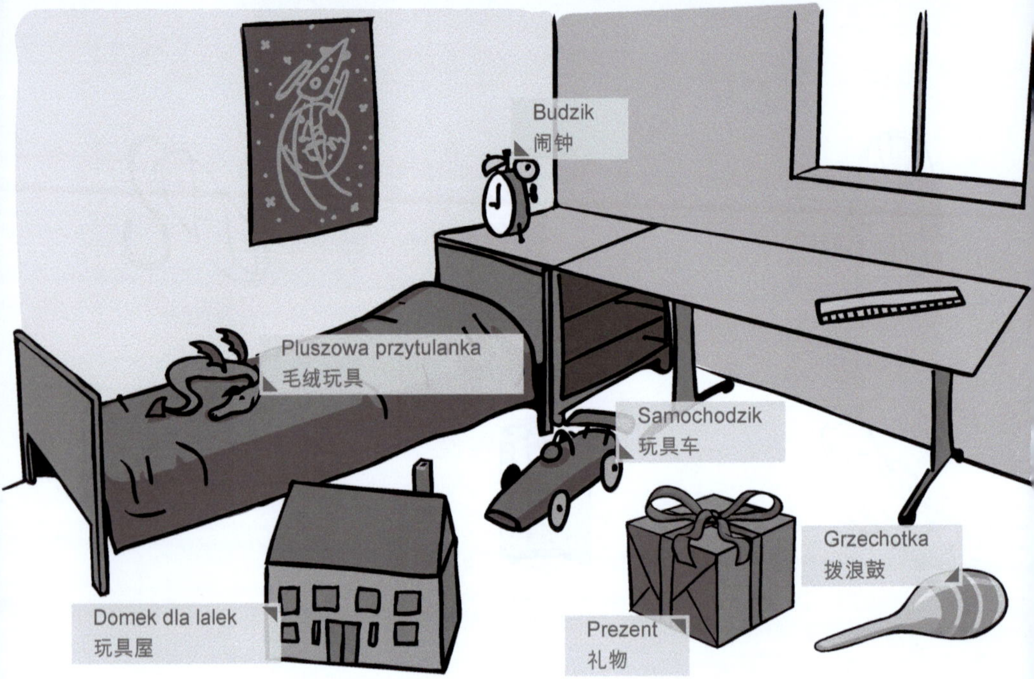
Budzik
闹钟
Pluszowa przytulanka
毛绒玩具
Samochodzik
玩具车
Grzechotka
拨浪鼓
Domek dla lalek
玩具屋
Prezent
礼物

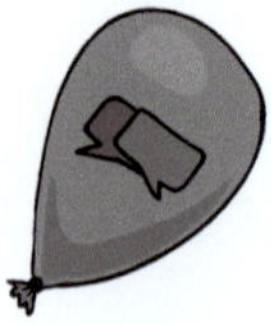

Balon

气球

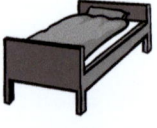

Łóżko

床

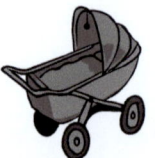

Wózek dziecięcy

（洋娃娃用）婴儿车

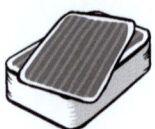

Gra w karty

扑克牌

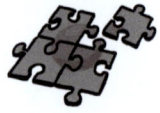

Puzzle

拼图

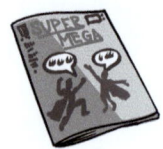

Komiks

漫画

Klocki lego

乐高积木

Klocki

积木玩具

Action figura

玩具人

Śpioszek dziecięcy

婴儿服

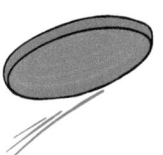

Frisbee

飞盘

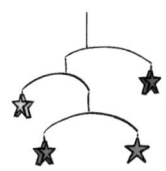

Zabawki ruchome

床铃玩具

Gra planszowa

棋盘游戏

Kości

骰子

Kolejka elektryczna

火车模型

Smoczek

安抚奶嘴

Przyjęcie

聚会

Książka z ilustracjami

绘本

Piłka

球

Lalka

洋娃娃

bawić się

玩

Piaskownica

沙坑

Huśtawka

秋千

Zabawki

玩具

Konsola do gier

游戏机

Rowerek trójkołowy

三轮车

Pluszowy miś

泰迪熊

Szafa ubraniowa

衣柜

Ubiór

衣服

Skarpety

袜子

Pończochy

长袜

Rajstopy

紧身裤

Szal
围巾

Parasol
雨伞

T-Shirt
T恤

Pasek
皮带

Kozaki
靴子

Pantofle domowe
拖鞋

Obuwie sportowe
运动鞋

Sandały
凉鞋

Buty
鞋

Kalosze
雨靴

Majtki
内裤

Biustonosz
胸罩

Podkoszulek
背心

Body
身体

Spodnie
裤子

Dżins
牛仔裤

Spódnica
短裙

Bluzka
女式衬衫

Koszula
衬衫

Pulower
套头衫

Bluza sportowa
卫衣

Marynarka
西装夹克

Kurtka
夹克

Płaszcz
外套

Płaszcz przeciwdeszczowy
雨衣

Kostium
套装

Sukienka
连衣裙

Suknia ślubna
婚纱

Garnitur męski

西装

Koszula nocna

睡袍

Piżama

睡衣

Sari

莎丽

Chusta na głowę

头巾

Turban

包头巾

Burka

波卡

Kaftan

卡夫坦

Abaya

(阿拉伯式)长袍长袍

Strój kąpielowy

泳衣

Kąpielówki

男式泳裤

Krótkie spodnie

短裤

Dres sportowy

运动服

Fartuch

围裙

Rękawiczki

手套

Guzik

纽扣

Okulary

眼镜

Bransoletka

手链

Łańcuszek

项链

Pierścionek

戒指

Kolczyk

耳环

Czapka

便帽

Wieszak

衣架

Kapelusz

帽子

Krawat

领带

Zamek błyskawiczny

拉链

Kask

头盔

Szelki

背带

Mundurek szkolny

校服

Mundur

制服

Śliniaczek

围兜

Smoczek

安抚奶嘴

Pieluszka

尿不湿

Biuro
办公室

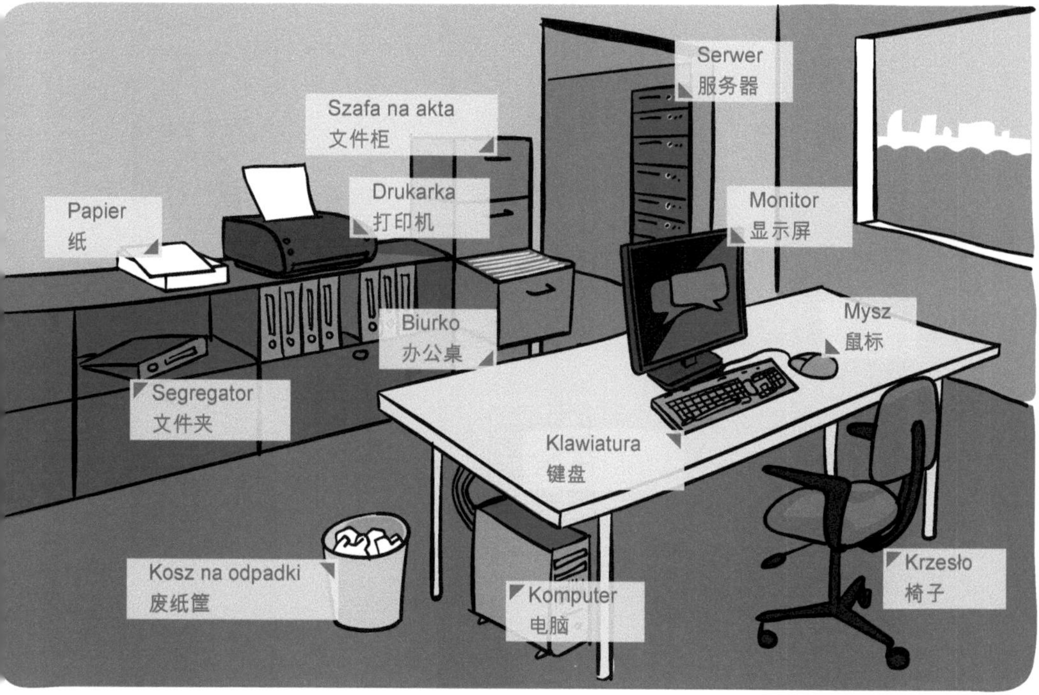

Serwer
服务器

Szafa na akta
文件柜

Drukarka
打印机

Papier
纸

Monitor
显示屏

Biurko
办公桌

Mysz
鼠标

Segregator
文件夹

Klawiatura
键盘

Kosz na odpadki
废纸筐

Krzesło
椅子

Komputer
电脑

Filiżanka do kawy

咖啡杯

Kalkulator

计算器

Internet

因特网

Laptop

笔记本电脑

List

信件

Wiadomość

消息

Komórka

手机

Sieć

网络

Kopiarka

复印机

Oprogramowanie

软件

Telefon

电话

Gniazdko

插座

Faks

传真机

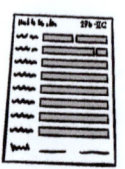

Formularz

表格

Dokument

文件

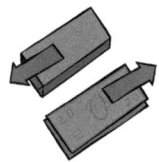

kupić
买

płacić
付钱

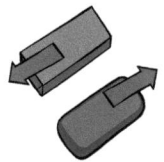

postępować
交易

Pieniądze
现金

Dolar
美元

Euro
欧元

Jen
日元

Rubel
卢布

Frank
瑞士法郎

Juan Renminbi
人民币

Rupia
卢比

Bankomat
提款处

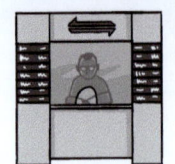

Kantor wymiany walut

外币兑换处

Złoto

金

Srebro

银

Olej

石油

Energia

能源

Cena

价格

Umowa

合同

Podatek

税金

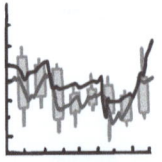

Akcja

股票

pracować

工作

Pracownik umysłowy

职员

Pracodawca

老板

Fabryka

工厂

Sklep

商店

Zawody
职业

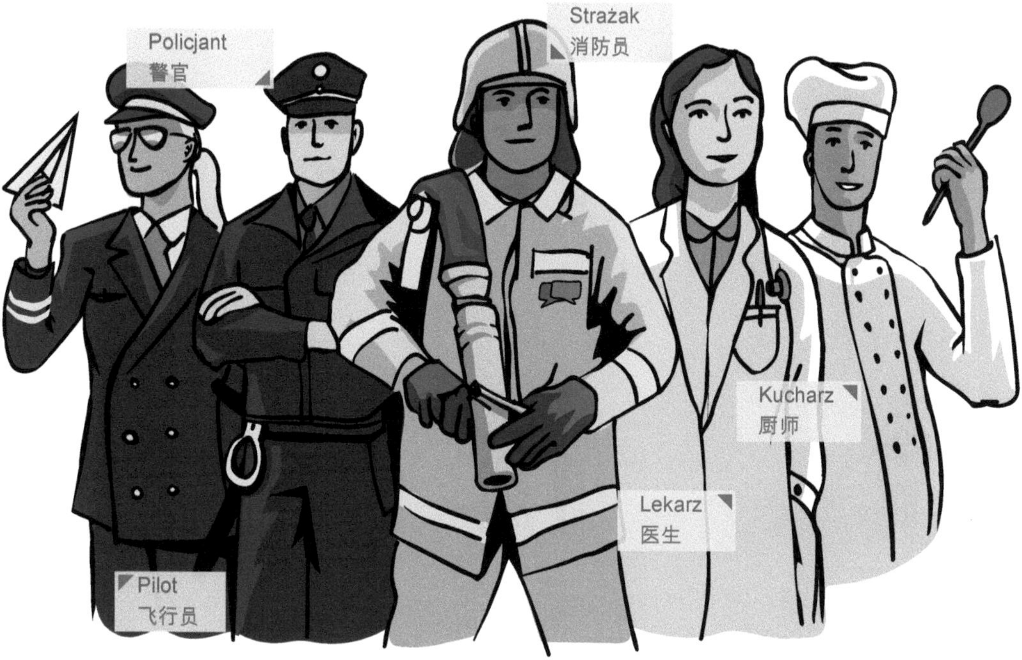
Policjant
警官
Strażak
消防员
Kucharz
厨师
Lekarz
医生
Pilot
飞行员

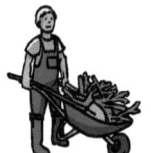

Ogrodnik
园丁

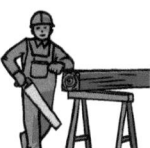

Stolarz
木匠

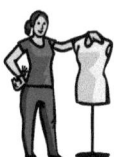

Krawcowa
裁缝

Sędzia
法官

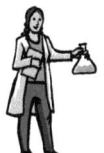

Chemik
化学家

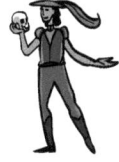

Aktor
演员

Kierowca autobusu

公交车司机

Taksówkarz

出租车司机

Fischer

渔夫

Sprzątaczka

清洁女工

Dekarz

屋顶工

Kelner

服务员

Myśliwy

猎人

Malarz

画家

Piekarz

面包师

Elektryk

电工

Robotnik budowlany

建筑工人

Inżynier

工程师

Rzeźnik

屠夫

Instalator

水管工

Listonosz

邮递员

Żołnierz

士兵

Architekt

建筑师

Kasjer

收银员

Florysta

花农

Fryzjer

理发师

Konduktor

售票员

Mechanik

机械师

Kapitan

船长

Dentysta

牙医

Naukowiec

科学家

Rabin

拉比

Imam

伊玛目

Mnich

和尚

Proboszcz

牧师

Narzędzia
工具

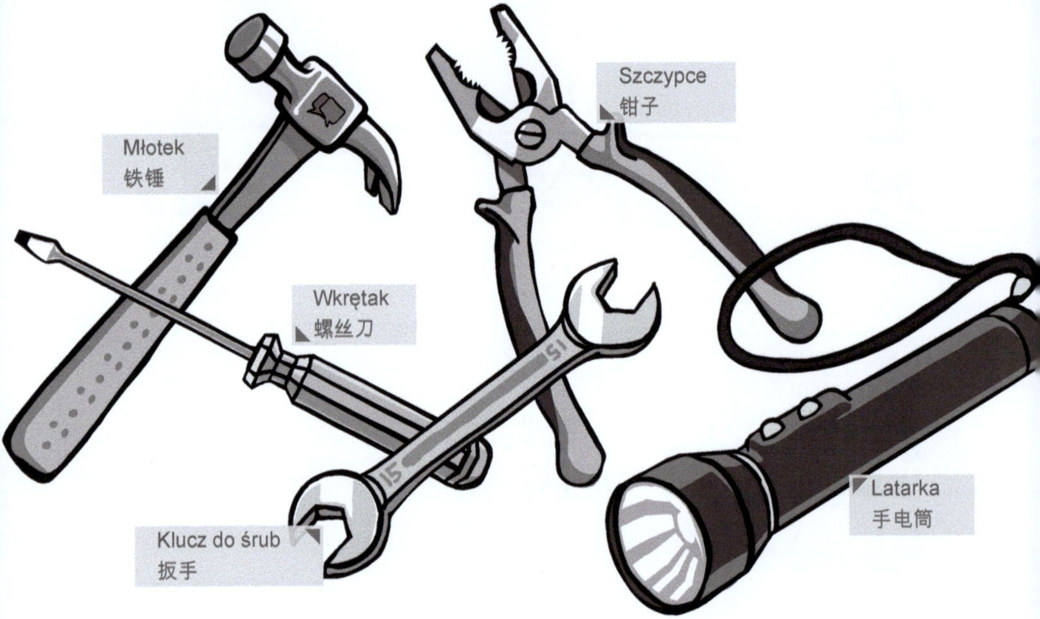

Szczypce
钳子
Młotek
铁锤
Wkrętak
螺丝刀
Latarka
手电筒
Klucz do śrub
扳手

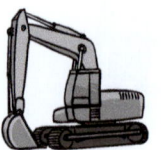

Koparka

挖掘机

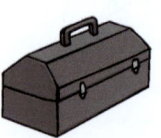

Skrzynka narzędziowa

工具箱

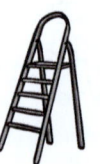

Drabina

梯子

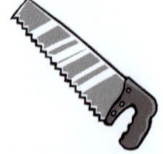

Piła

锯子

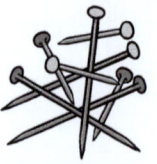

Gwoździe

钉子

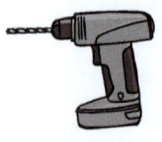

Wiertło

钻机

naprawić

修

Łopatka

铲子

Cholera!

靠！

Szufelka

簸箕

Puszka z farbą

油漆桶

Śruby

螺丝

Instrumenty muzyczne

乐器

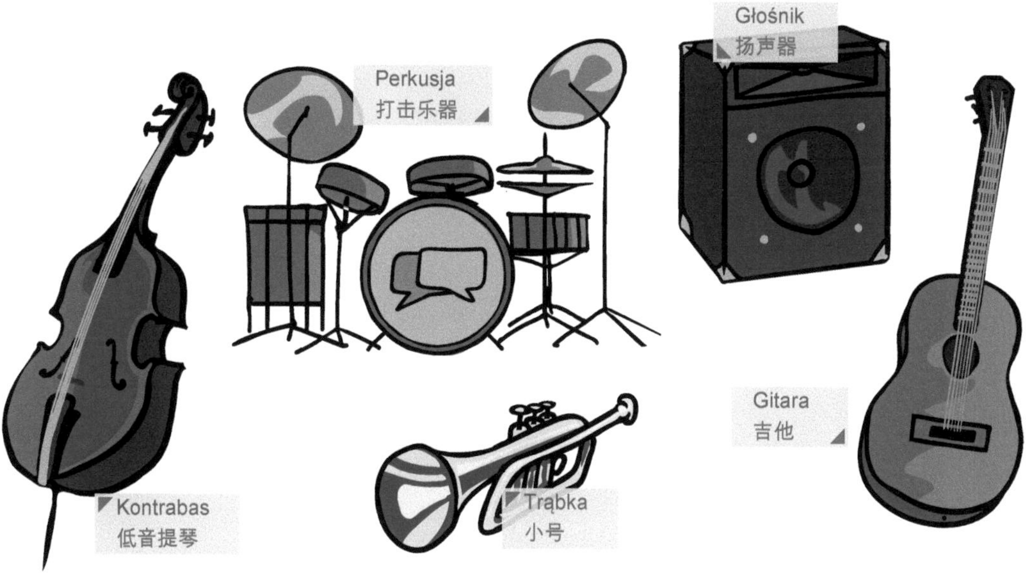

Perkusja
打击乐器

Głośnik
扬声器

Kontrabas
低音提琴

Trąbka
小号

Gitara
吉他

Pianino

钢琴

Skrzypce

小提琴

Bas

贝斯

Kotły

定音鼓

Bęben

鼓

Keyboard

电子琴

Saksofon

萨克斯管

Flet

长笛

Mikrofon

麦克风

Zoo
动物园

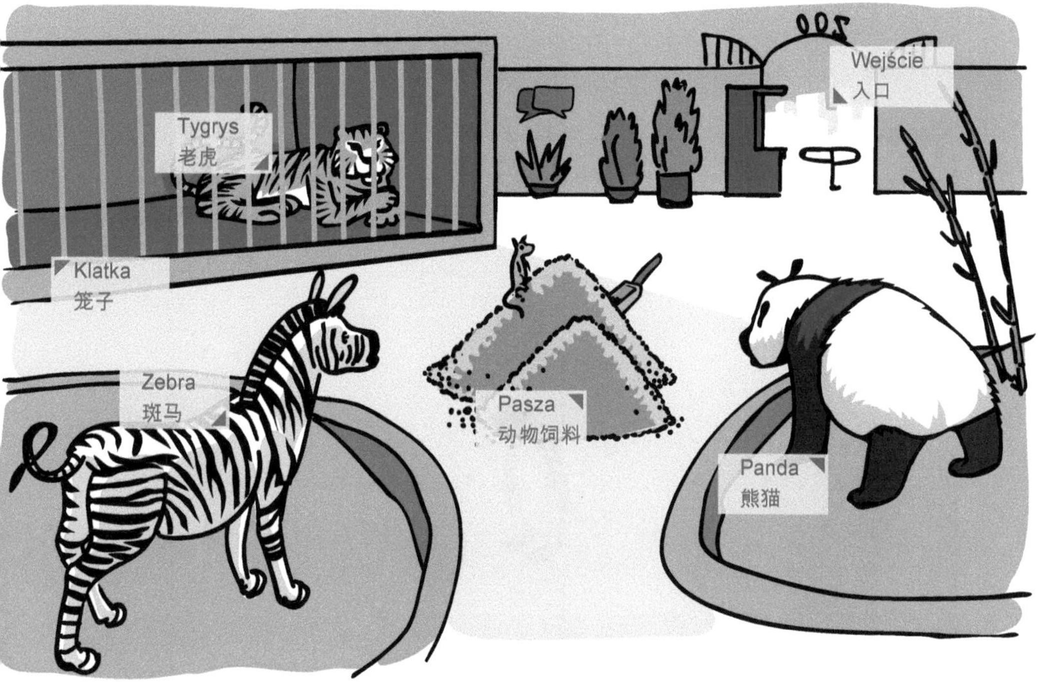
Tygrys
老虎
Wejście
入口
Klatka
笼子
Zebra
斑马
Pasza
动物饲料
Panda
熊猫

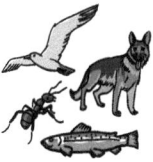

Zwierzęta
动物

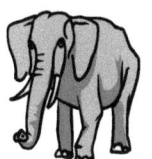

Słoń
大象

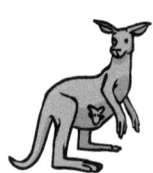

Kangur
袋鼠

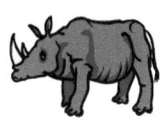

Nosorożec
犀牛

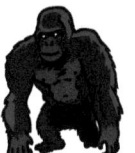

Goryl
大猩猩

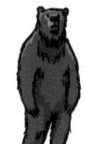

Niedźwiedź
熊

Wielbłąd

骆驼

Struś

鸵鸟

Lew

狮子

Małpa

猴子

Fleming

火烈鸟

Papuga

鹦鹉

Niedźwiedź polarny

北极熊

Pingwin

企鹅

Rekin

鲨鱼

Paw

孔雀

Wąż

蛇

Krokodyl

鳄鱼

Dozorca w zoo

动物园管理员

Foka

海豹

Jaguar

美洲豹

Kucyk

矮种马

Gepard

豹

Hipopotam

河马

Żyrafa

长颈鹿

Orzeł

老鹰

Dzik

野猪

Ryba

鱼

Żółw

龟

Mors

海象

Lis

狐狸

Gazela

羚羊

Futbol amerykański
橄榄球

Kolarstwo
骑自行车

Tenis
网球

Koszykówka
篮球

Pływanie
游泳

Boks
拳击

Hokej na lodzie
冰球

Piłka nożna

英式足球

Badminton

羽毛球

Lekka atletyka

田径

Piłka ręczna

手球

Narciarstwo

滑雪

Polo

马球

Działania
活动

skakać
跳
objąć
拥抱
śmiać się
笑
iść
走路
śpiewać
唱
marzyć
做梦
modlić się
祈祷
całować
亲吻

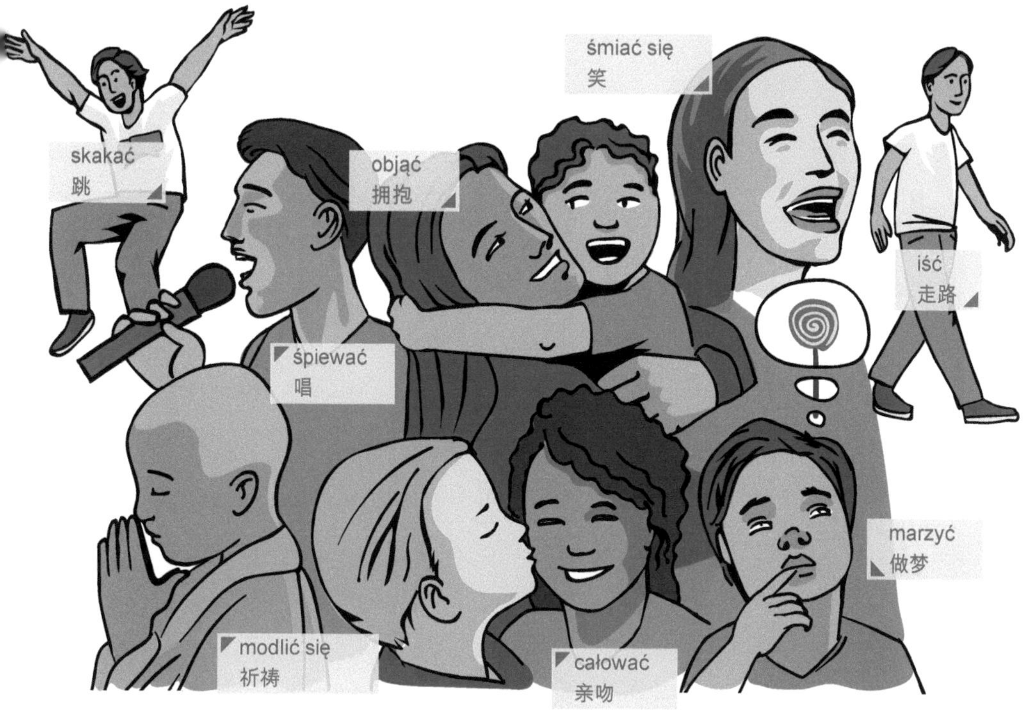

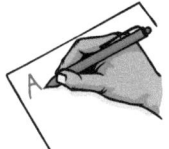

pisać

书写

rysować

画

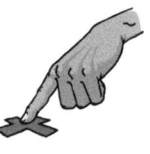

pokazywać

展示

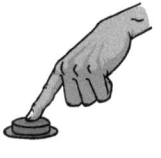

nacisnąć

推

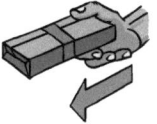

dać

给

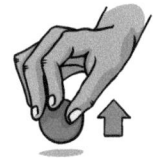

wziąć

拿

mieć

有

robić

做

być

当

stać

站

biegać

跑

ciągnąć

拉

rzucać

扔

spaść

摔倒

leżeć

躺

czekać

等待

nosić

携带

siedzieć

坐

zakładać

穿衣

spać

睡觉

budzić się

醒来

spojrzeć

看

płakać

哭

głaskać

抚摸

czesać się

梳头

mówić

交谈

rozumieć

明白

pytać

问

słyszeć

听

pić

喝

jeść

吃

sprzątać

清理

kochać

爱

gotować

做饭

jechać

开车

latać

飞

żeglować

航行

liczyć

计算

czytać

读

uczyć się

学习

pracować

工作

wejść w związek małżeński

结婚

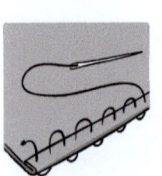

szyć

缝

myć zęby

刷牙

zabić

杀

palić tytoń

抽烟

wysłać

寄

Babcia
祖母

Niemowlę
婴童

Matka
母亲

Dziadek
祖父

Ojciec
父亲

Córka
女儿

Syn
儿子

Gość

客人

Ciotka

阿姨

Wujek

叔叔

Brat

兄弟

Siostra

姐妹

Czoło
前额

Oko
眼睛

Twarz
脸

Broda
下巴

Pierś
乳房

Palec
手指

Ręka
手

Ramię
手臂

Ramię
肩膀

Noga
腿

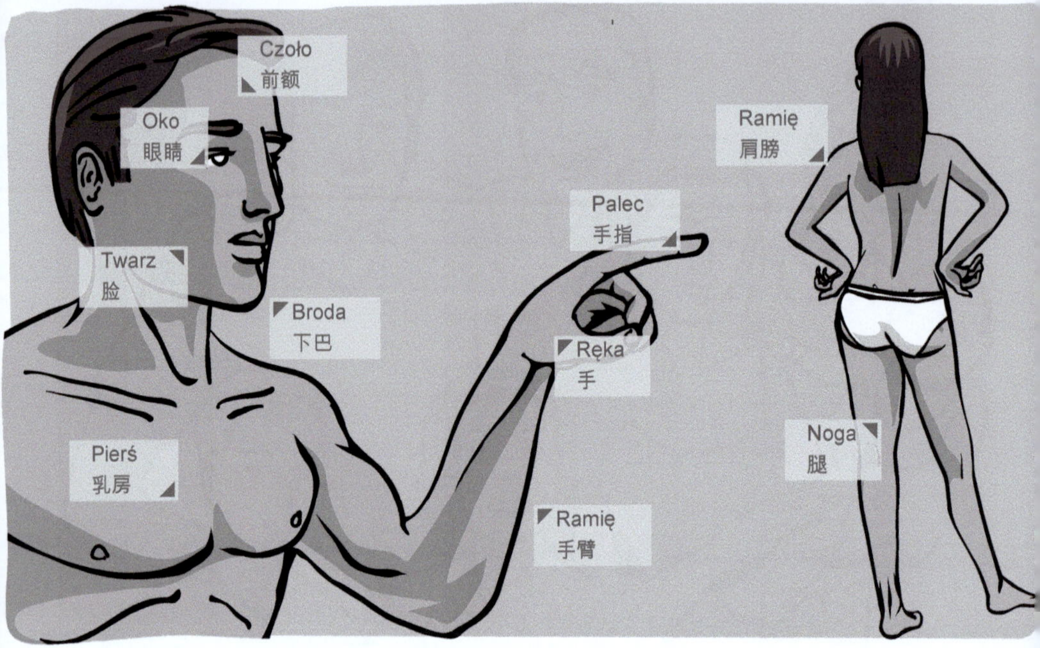

Niemowlę

婴童

Mężczyzna

男人

Kobieta

女人

Dziewczyna

女孩

Chłopiec

男孩

Głowa

头

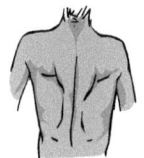

Plecy

背部

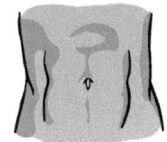

Brzuch

肚子

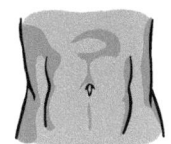

Pępek

肚脐

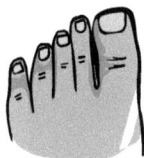

palec nogi

脚趾

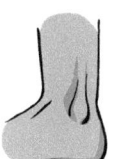

Pięta

脚后跟

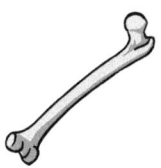

Kość

骨头

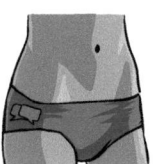

Biodro

臀部

Kolano

膝盖

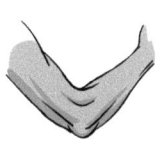

Łokieć

手肘

Nos

鼻子

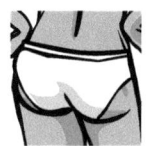

Pośladki

屁股

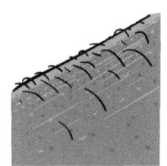

Skóra

皮肤

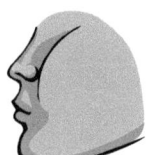

Policzek

脸颊

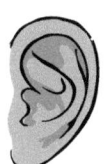

Uszy

耳朵

Warga

嘴唇

Usta

嘴

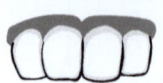

Ząb

牙齿

Język

舌头

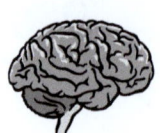

Mózg

脑

Serce

心脏

Mięsień

肌肉

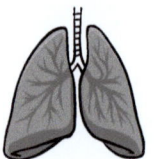

Płuca

肺

Wątroba

肝脏

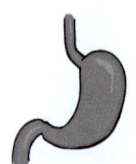

Żołądek

胃

Nerki

肾脏

Stosunek płciowy

性交

Kondom

避孕套

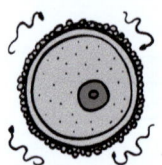

Komórka jajowa

卵子

Sperma

精子

Ciąża

怀孕

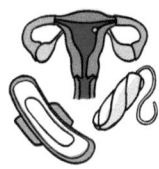

Menstruacja

月经

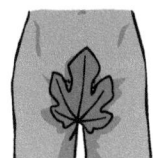

Wagina

阴道

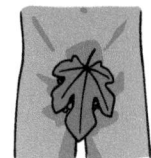

Penis

阴茎

Brew

眉毛

Włosy

头发

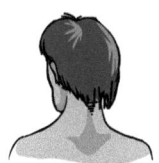

Szyja

脖子

Szpital
医院

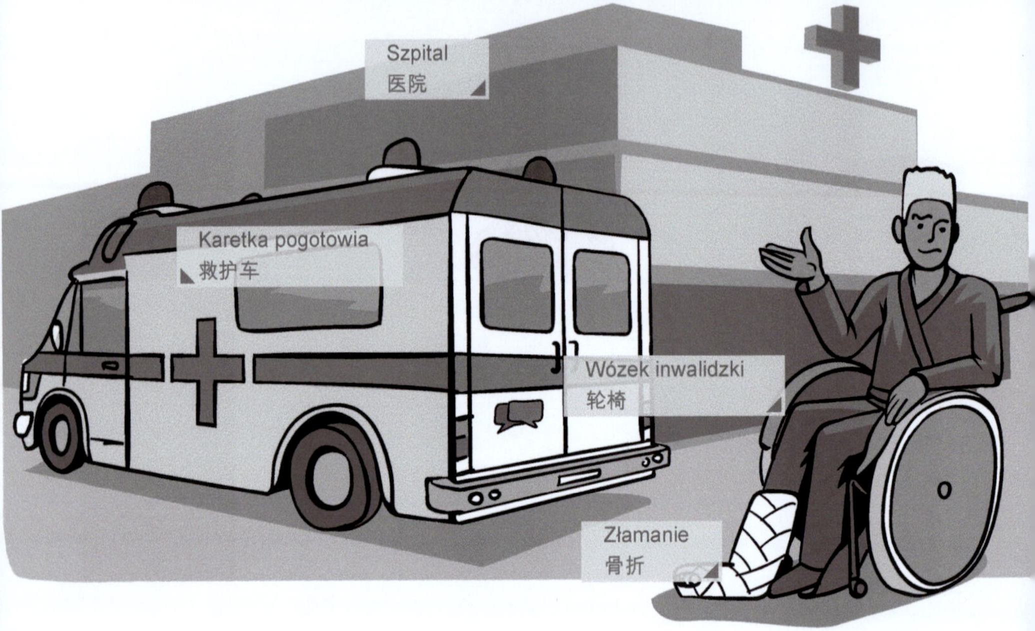

Szpital
医院
Karetka pogotowia
救护车
Wózek inwalidzki
轮椅
Złamanie
骨折

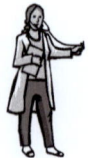

Lekarz

医生

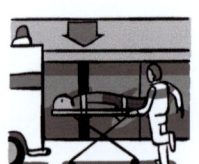

Izba przyjęć

急诊室

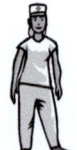

Pielęgniarka

护士

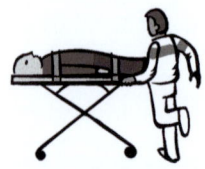

Nagły przypadek

紧急情况

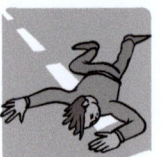

nieprzytomny

昏迷

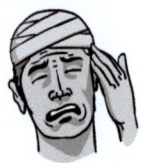

Ból

痛

Skaleczenie

受伤

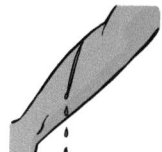

Krwawienie

出血

Zawał serca

心脏病发作

Udar mózgu

中风

Alergia

过敏

Kaszleć

咳嗽

Gorączka

发烧

Grypa

流感

Biegunka

腹泻

Ból głowy

头痛

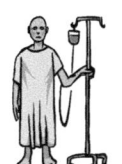

Rak

癌症

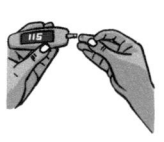

Cukrzyca

糖尿病

Chirurg

外科医生

Skalpel

手术刀

Operacja

手术

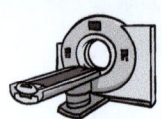

CT
CT

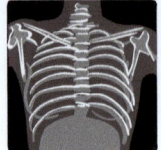

Rentgen
X光

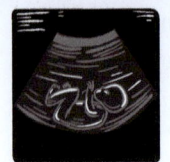

Ultradźwięki
超声波

Maska
口罩

Choroba
疾病

Poczekalnia
候诊室

Kula
拐杖

Plaster
石膏

Opatrunek
绷带

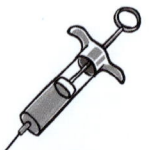

Iniekcja
注射

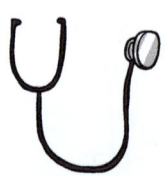

Stetoskop
听诊器

Nosze
担架

Termometr
体温计

Poród
出生

Nadwaga
超重

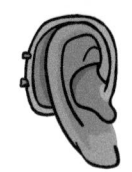

Aparat słuchowy

助听器

Środek dezynfekcyjny

消毒液

Infekcja

感染

Wirus

病毒

HIV / AIDS

艾滋病

Medycyna

药物

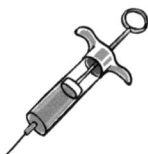

Szczepienie

接种疫苗

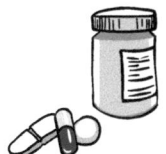

Tabletki

药片

Pigułka

药丸

Telefon ratunkowy

急救电话

Ciśnieniomierz krwi

血压计

chory / zdrowy

生病/健康

Pomocy!

救命！

Alarm

警报

Napad

突击

Atak

攻击

Niebezpieczeństwo

危险

Wyjście awaryjne

紧急出口

Pożar!

着火啦！

Gaśnica

灭火器

Wypadek

意外

Walizeczka pierwszej pomocy

急救箱

SOS

呼救信号

Policja

警察

Europa

欧洲

Ameryka Północna

北美洲

Ameryka Południowa

南美洲

Afryka

非洲

Azja

亚洲

Australia

澳洲

Atlantyk

大西洋

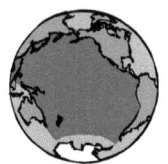

Pacyfik

太平洋

Ocean Indyjski

印度洋

Ocean Antarktyczny

南冰洋

Ocean Arktyczny

北冰洋

Biegun północny

北极

Biegun południowy

南极

Antarktyda

南极洲

Ziemia

地球

Kraj

陆地

Morze

海

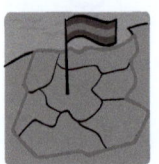

Wyspa

岛

Naród

国家

Państwo

国家

Cyferblat

钟面

Wskazówka godzinowa

时针

Wskazówka minutowa

分针

Wskazówka sekundowa

秒针

Która godzina?

现在几点？

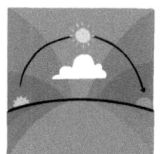

Dzień

天

Czas

时间

teraz

现在

Zegarek digitalny

电子表

Minuta

分

Godzina

时

Tydzień

周

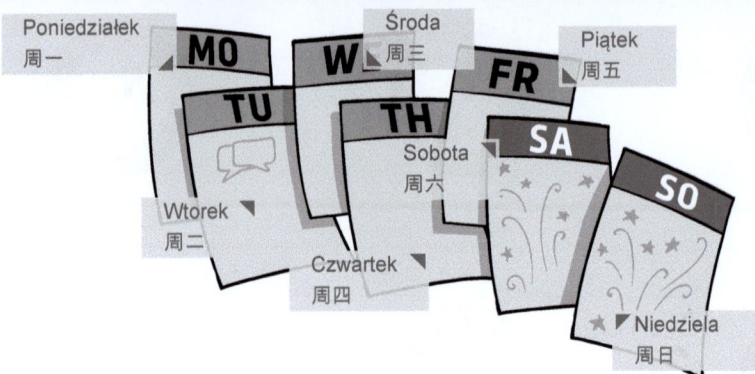

Poniedziałek
周一

Środa
周三

Piątek
周五

Wtorek
周二

Czwartek
周四

Sobota
周六

Niedziela
周日

wczoraj

昨天

dzisiaj

今天

jutro

明天

Rano

早晨

Południe

中午

Wieczór

晚上

Dni robocze

工作日

Weekend

周末

Deszcz
雨

Tęcza
彩虹

Wiatr
风

Śnieg
雪

Wiosna
春

Lato
夏

Jesień
秋

Zima
冬

Prognoza pogody

天气预报

Termometr

温度计

Światło słoneczne

阳光

Chmura

云

Mgła

雾

Wilgotność powietrza

潮湿

Błyskawica

闪电

Grzmot

打雷

Sztorm

风暴

Grad

冰雹

Monsun

季风

Potop

洪水

Lód

冰

Styczeń

一月

Luty

二月

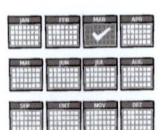

Marzec

三月

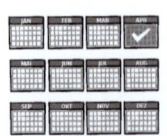

Kwiecień

四月

Maj

五月

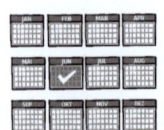

Czerwiec

六月

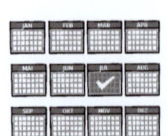

Lipiec

七月

Sierpień

八月

Rok - 年

Wrzesień
....
九月

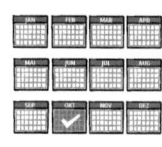

Październik
....
十月

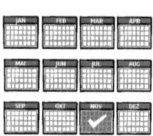

Listopad
....
十一月

Grudzień
....
十二月

Kształty
形状

Koło
....
圓形

Kwadrat
....
正方形

Prostokąt
....
长方形

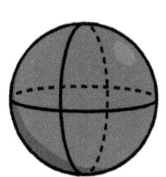

Trójkąt
....
三角形

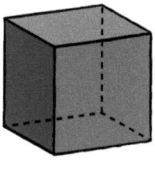

Kula
....
球体

Sześcian
....
立方体

biały

白

żółty

黄

pomarańczowy

橙

różowy

粉

czerwony

红

liliowy

紫

niebieski

蓝

zielony

绿

brązowy

棕

szary

灰

czarny

黑

dużo / mało

很多/少许

wściekły / spokojny

生气/平静

piękny / brzydki

美/丑

początek / koniec

首/尾

duży / mały

大/小

jasny / ciemny

明/暗

brat / siostra

兄弟/姐妹

czysty / brudny

干净/肮脏

kompletny / niekompletny

完整/缺失

dzień / noc

白天/晚上

umarły / żywy

死/生

szeroki / wąski

宽/窄

jadalny / niejadalny

可食用/非食用

zły / uprzejmy

邪恶/善良

podniecony / znudzony

兴奋/无聊

gruby / chudy

胖/瘦

najpierw / na końcu

第一/最后

przyjaciel / wróg

朋友/敌人

pełen / pusty

满/空

twardy / miękki

硬/软

ciężki / lekki

重/轻

głód / pragnienie

饿/渴

chory / zdrowy

生病/健康

nielegalny / legalny

非法/合法

inteligentny / głupi

聪明/愚笨

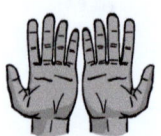

lewo / prawo

左/右

bliski / daleki

近/远

nowy / używany

新/旧

nic / coś

没有/有些

stary / młody

老/幼

włącz / wyłącz

开/关

otwarty / zamknięty

打开/合上

cichy / głośny

安静/吵闹

bogaty / biedny

富/穷

prawidłowy / błędny

对/错

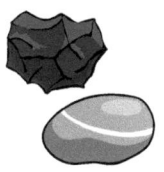

chropowaty / gładki

粗糙/光滑

smutny / szczęśliwy

伤心/高兴

krótki / długi

短/长

powolny / szybki

慢/快

mokry/suchy

湿/干

ciepły / chłodny

温暖/凉爽

wojna / pokój

战争/和平

0

zero

零

1

jeden

一

2

dwa

二

3

trzy

三

4

cztery

四

5

pięć

五

6

sześć

六

7

siedem

七

8

osiem

八

9

dziewięć

九

10

dziesięć

十

11

jedenaście

十一

12
dwanaście
十二

13
trzynaście
十三

14
czternaście
十四

15
piętnaście
十五

16
szesnaście
十六

17
siedemnaście
十七

18
osiemnaście
十八

19
dziewiętnaście
十九

20
dwadzieścia
二十

100
sto
百

1.000
tysiąc
千

1.000.000
milion
百万

Angielski

英语

Angielski amerykański

美式英语

Chiński mandaryński

普通话

Hindi

印地语

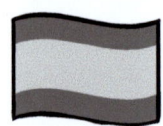

Hiszpański

西班牙语

Francuski

法语

Arabski

阿拉伯语

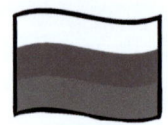

Rosyjski

俄语

Portugalski

葡萄牙语

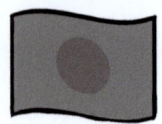

Bengalski

孟加拉语

Niemiecki

德语

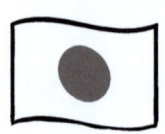

Japoński

日语

ja

我

ty

你

on / ona / ono

他/她/它

my

我们

wy

你们

oni

他们

kto?

谁？

co?

什么？

jak?

怎样？

gdzie?

哪里？

kiedy?

什么时候？

Nazwisko

名字

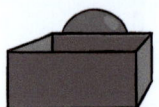

za

后面

w

里面

przed

前面

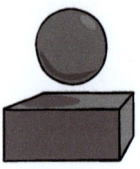

powyżej

上方

na

上面

pod

下面

obok

旁边

między

中间

Miejsce

地点